El Sistema Solar

La Luna

DE ISAAC ASIMOV

REVISADO Y ACTUALIZADO POR RICHARD HANTULA

Gareth Stevens Publishing

UNA COMPAÑÍA DEL WORLD ALMANAC EDUCATION GROUP

Please visit our web site at: www.garethstevens.com
For a free color catalog describing Gareth Stevens Publishing's list of high-quality
books and multimedia programs, call 1-800-542-2595 (USA) or 1-800-387-3178 (Canada).
Gareth Stevens Publishing's fax: (414) 332-3567.

Library of Congress Cataloging-In-Publication Data

Asimov, Isaac.
   [Moon. Spanish]
  La luna / de Isaac Asimov; revisado y actualizado por Richard Hantula.
     p. cm. — (Isaac Asimov biblioteca del universe del siglo XXI. El sisteme solar)
    Summary: Summary: Examines the many facets and puzzles of our Moon, including its phases and
eclipses, its early discoveries and modem exploration, and its possible origins and future prospects.
    Includes bibliographical references and index.
    ISBN 0-S368-3855-6 (lib. bdg.)
    ISBN 0-S368-3868-8 (softcover)
    1. Moon—Juvenile literature. [1. Moon. 2. Spanish language materials.]
I. Hantula, Richard. II. Title
  QB582.A85I8   2003
  523.3—dc21   2003050490

Updated and reprinted in 2006
This edition first published in 2002 by
Gareth Stevens Publishing
A Member of the WRC Media Family of Companies
330 West Olive Street, Suite 100
Milwaukee, WI 53212 USA

Series editor: Betsy Rasmussen
Design adaptation: Melissa Valuch
Production director: Susan Ashley
Picture research: Kathy Keller
Additional picture research: Diane Laska-Swanke
Artwork commissioning: Kathy Keller and Laurie Shock

The editors at Gareth Stevens Publishing have selected science author Richard Hantula to bring
this classic of young people's information up to date. Richard Hantula has written and edited
books and articles on science and technology for more than two decades. He was the senior
U.S. editor for the *Macmillan Encyclopedia of Science*.

In addition to Hantula's contribution to this most recent edition, the editors would like to
acknowledge the participation of two noted science authors, Greg Walz-Chojnacki and
Francis Reddy, as contributing to earlier editions of this work.

Printed in the United States of America

2 3 4 5 6 7 8 9 10 09 08 07 06

Contenido

La Luna

Vivimos en un lugar enormemente grande: el universo. Es muy natural que hayamos querido entender este lugar, así que los científicos y los ingenieros han desarrollado instrumentos y naves espaciales que nos han contado sobre el universo mucho más de lo que hubiéramos podido imaginar.

Hemos visto planetas de cerca, e incluso sobre algunos han aterrizado naves espaciales. Hemos aprendido sobre los quásares y los púlsares, las supernovas y las galaxias que chocan, y los agujeros negros y la materia oscura. Hemos reunido datos asombrosos sobre cómo puede haberse originado el universo y sobre cómo puede terminar. Nada podría ser más sorprendente.

La Luna está, en promedio, a unas 238,900 millas (384,400 kilómetros) de la Tierra. El siguiente objeto de proporciones considerables en el espacio es el planeta Venus. Aun cuando está más cercano, Venus está todavía unas 100 veces más lejos que la Luna. Marte está, en su punto más cercano, unas 140 veces más lejos. Todos los otros mundos del Sistema Solar están mucho más lejos. De hecho, la Luna está a sólo tres días de viaje en cohete y es el único mundo, además de la Tierra, que los humanos han pisado.

Soberana del cielo nocturno

No cabe duda al respecto, la Luna es la soberana de nuestro cielo nocturno. Aparte de los cometas, que no pasan muy a menudo, todo lo demás en el cielo nocturno es sólo un punto de luz. La Luna, no obstante, es lo suficientemente grande y está lo suficientemente cerca para darnos luz durante la noche. Está lo bastante cerca para que la atracción gravitacional arrastre los mares hacia arriba y provoque las mareas. Podemos ver sobre la superficie de la Luna tanto sombras como lugares brillantes. Esas sombras y lugares brillantes han engañado los ojos de la gente durante miles de años. Hace mucho, la gente pensaba que esas sombras podían ser una persona. Ésa es la razón por la que todos hemos oído acerca del «hombre de la Luna», aun cuando tal cosa no existe. No hace mucho tiempo, algunas personas creían que la Luna era un mundo como la Tierra. Por supuesto, ahora sabemos que eso no es verdad. Los cuentos sobre viajes a la Luna existían incluso en la antigüedad. Gracias a nuestra ciencia moderna y a nuestra tradicional curiosidad, estos cuentos se han hecho realidad.

Izquierda: A lo largo de los años, la gente ha visto muchas caras en la superficie de la Luna. Ésta es la forma en que un artista se imagina la Luna cuando la luz solar deja ver sólo 1/4 de su superficie.

Arriba: Daguerrotipo (primera forma de fotografía) de la Luna hecho con un telescopio el 26 de febrero de 1852. Ésta es una de las primeras imágenes tomadas a la Luna.

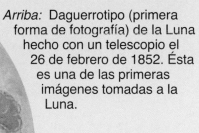

Derecha: ¿Puedes imaginar sombras y luces que forman esta alegre cara cuando la luz del Sol cae de lleno sobre la Luna?

Una mirada de cerca

En la antigüedad, las personas miraban la Luna sólo con los ojos. Luego, en 1609, un científico italiano llamado Galileo Galilei construyó un telescopio que hacía que los objetos del espacio parecieran más grandes y más cercanos. El primer objeto que observó fue la Luna. A través del telescopio vio cadenas de montañas y cráteres. Unos pocos cráteres tenían vetas brillantes que salían de ellos rodeándolos. Las sombras de la Luna resultaron ser zonas planas oscuras. Galileo pensó que podían ser mares de agua, y a veces todavía se las llama maria, de la palabra latina para «mares». Resulta que no eran mares, porque no hay agua líquida en la Luna. Además, casi no hay atmósfera.

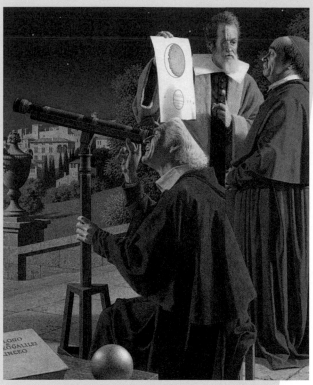

Arriba: Galileo discutió con los funcionarios de la Iglesia por sus ideas. Lo que Galileo veía a través de su telescopio era muy diferente de lo que en general se creía que era verdad.

Los cráteres de la Luna; ¡cuidado arriba!

Algunos cráteres de la Luna pueden ser el resultado de actividad volcánica, pero la mayoría los causaron los meteoritos que bombardean la superficie lunar. La mayor parte de estos choques se produjeron durante los primeros días de la Luna, pero algunos pueden haber ocurrido en épocas más recientes. El 25 de junio de 1178, cinco monjes de Canterbury (Inglaterra) registraron que del borde de la Luna «saltó una antorcha encendida, arrojando fuego, carbones calientes y chispas». Los científicos creen que un meteorito debe de haber chocado contra la Luna justo en el borde del lado oculto. Sencillamente, no hay forma de predecir cuándo un objeto grande chocará contra la Luna, ni contra la Tierra.

Arriba: Fotografía de la Luna tomada en 1960. Imagina la sorpresa de Galileo si hubiera visto esta superficie a través de su telescopio.

Izquierda: Cráter Langrenus. Para cruzar el cráter, tendrías que caminar unas 85 millas (137 kilómetros). Así se vio Langrenus el 24 de diciembre de 1968 desde la nave espacial *Apolo 8* durante su órbita alrededor de la Luna.

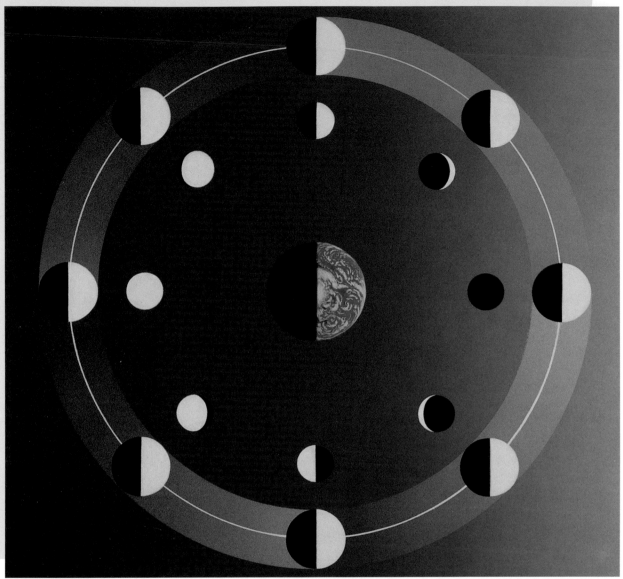

Arriba: Imágenes de la Luna reflejando la luz solar a medida que gira alrededor de la Tierra. El círculo interior muestra las fases de la Luna vistas desde la Tierra a medida que la superficie lunar refleja la luz del Sol. El círculo exterior muestra la Luna desde un punto en el espacio por encima de nuestro polo Norte. Desde allí, la Luna no parece pasar por fase alguna.

| Luna nueva (o creciente) | Cuarto creciente | Tres cuartos de creciente | Luna llena | Tres cuartos de menguante | Cuarto menguante | Menguante |

Arriba: Las fases de la Luna como se ven desde la Tierra.

Una Luna en constante cambio

¿Es la luz de la Luna verdaderamente propia? Sabemos que no es así. La luz que vemos cuando miramos la Luna es luz solar que brilla sobre su superficie y se refleja hacia el espacio. La Luna se mueve en su órbita alrededor de la Tierra y, a medida que lo hace, el Sol ilumina diferentes partes de ella. Cuando la Luna y el Sol están en lados opuestos de la Tierra, el lado visible de la Luna está iluminado. A esta vista la llamamos luna llena. Cuando está entre la Tierra y el Sol, el lado iluminado está al lado opuesto de nosotros, y no vemos la Luna. Otras veces está iluminada en forma parcial. Pasa de una luna llena a otra en aproximadamente un mes. Hace mucho tiempo, la gente usaba la Luna como calendario.

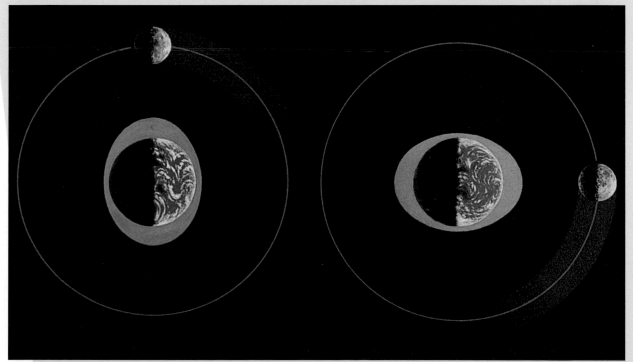

Abajo: La atracción gravitacional de la Luna sobre las superficies terrestres produce las mareas. La tierra es demasiado sólida para reaccionar de manera visible a esa fuerza, pero el agua se expande hacia la Luna y se contrae alejándose de ella. En este diagrama, las áreas ovoideas dan una idea de cómo suben y bajan las mareas de todo el mundo a medida que la Luna describe una órbita alrededor de la Tierra. (En el diagrama, el tamaño de las mareas está exagerado para que sea más fácil verlas.)

Arriba: Eclipse solar, en el que la Luna bloquea la luz del Sol sobre parte de la Tierra. La zona de la Tierra que se encuentra dentro del círculo más pequeño ve un eclipse total, durante el cual el cielo se pone muy oscuro. La zona comprendida entre el círculo más pequeño y el círculo exterior tiene un eclipse parcial «con poca luz».

Arriba: Durante un eclipse lunar, la Tierra está entre la Luna y el Sol, y proyecta su sombra sobre el lado brillante de la Luna.

Ahora la ves, ahora no

Generalmente, cuando la Luna se aproxima a la posición del Sol en el cielo, ésta va un poco por encima o por debajo del Sol. Pero, a veces, cruza justo a la altura de la posición del Sol y lo oculta por un momento. Esto se llama eclipse solar y dura sólo unos pocos minutos. Al contrario, a veces, cuando hay luna llena (la Luna está en el lado opuesto de la Tierra desde el Sol), la Luna atraviesa la sombra que proyecta la Tierra. Cuando la sombra de la Tierra cae sobre el lado brillante de la Luna, oscurecc la superficie lunar. Esto se llama eclipse lunar y puede durar hasta un par de horas.

No hay problema en mirar un eclipse de Luna, pero nunca debes mirar directamente un eclipse de Sol. Fijar la vista en el Sol puede dañarte los ojos gravemente.

Abajo: Esta foto se tomó desde la Tierra durante un eclipse total de Sol. Ofrece una vista espectacular de la corona solar.

Arriba: Eclipse lunar durante su desarrollo. Si durante un eclipse lunar estás en el lado nocturno de la Tierra, podrás ver los efectos sobre la Luna a medida que ésta se desplaza lentamente hacia la sombra de la Tierra.

Un planeta doble

La Luna es bastante grande. Tiene 2,159 millas (3,475 km) de diámetro (un poco más de $1/4$ que el de la Tierra). La superficie de la Luna es casi tan grande como América del Norte y América del Sur juntas. La Luna no es el único satélite grande del Sistema Solar. Júpiter tiene cuatro satélites grandes, tres de ellos más grandes que la Luna.

Saturno también tiene un satélite más grande que la Luna. Pero Júpiter y Saturno son planetas gigantes. Es sorprendente que un planeta tan pequeño como la Tierra tenga un satélite tan grande. Considerando lo pequeña que es la Tierra y lo grande que es la Luna, las dos juntas son prácticamente un planeta doble.

Esta imagen, que tomó la sonda espacial *Galileo* en 1992, muestra el planeta doble Tierra-Luna. Muestra el lado oculto de la Luna, el lado que no es visible desde la Tierra. La imagen se tomó a 3.9 millones de millas (6.2 millones de km) de distancia.

Arriba: Comparada con otros satélites naturales del Sistema Solar, la Luna es tan grande que podríamos preguntarnos si la Tierra es la compañera de la Luna y no el planeta que la gobierna. Esta foto se tomó en la misión *Apolo 8*. Muestra de manera espectacular la Tierra sobre el horizonte de la Luna.

¿Podría el verdadero planeta doble dar la cara?

La Luna tiene sólo alrededor de $1/80$ de la masa de la Tierra. Aun así, la mayoría de los demás satélites del Sistema Solar tienen menos de $1/1000$ de la masa del planeta que los gobierna. Ésa es la razón de por qué se considera que la combinación de la Tierra y la Luna es una especie de planeta doble. En el Sistema Solar, el único otro «planeta doble» es la combinación del distante planeta Plutón y su satélite Caronte. Plutón es más pequeño que la luna de la Tierra. Caronte es todavía más pequeño, pero tiene $1/8$ del tamaño de Plutón. ¡Además, Caronte está tan cerca de Plutón, que algunos astrónomos creen incluso que los dos podrían compartir la misma atmósfera! Por lo tanto, Plutón-Caronte está más cerca de ser un planeta doble de lo que está la Tierra-Luna.

Viaje a la Luna

Los terrícolas nunca hemos estado felices con sólo sentarnos a mirar la Luna. Tan pronto empezamos a enviar cohetes al espacio en los años cincuenta, los apuntamos en dirección a la Luna. En 1959, la ex Unión Soviética aterrizó en la Luna una sonda llamada *Luna 2*. Poco después ese mismo año, envió una sonda llamada *Luna 3* para que girara alrededor de la Luna. Ésta tomó las primeras imágenes del lado oculto de la Luna, el que nunca vemos desde la Tierra. En seguida se unieron a las sondas soviéticas naves espaciales de Estados Unidos. Los orbitadores lunares fotografiaron la Luna de cerca por todas partes. Los científicos estaban buscando un lugar para que los humanos descendieran.

Arriba: Sonda *Luna 3*. Esta nave espacial de investigación, que lanzó la ex Unión Soviética en 1959, tomó las primeras fotografías del lado oculto de la Luna.

Arriba: El lado oculto de la Luna. Esta fotografía la tomó la tripulación de la nave espacial estadounidense *Apolo13*. En el sector superior derecho de esta imagen se puede ver el «mar» lunar más grande, llamado el Mar de Moscú por esa ciudad rusa.

Arriba: Vista de la misma imagen que aparece a la izquierda. El cráter mayor sobre el horizonte lleva el nombre de cráter No. 221 de la Unión Astronómica Internacional.

El primer paso en la Luna

Finalmente, la ex Unión Soviética y Estados Unidos enviaron personas al espacio, llamadas astronautas en Estados Unidos y cosmonautas en Rusia. Estados Unidos decidió enviar astronautas a la Luna. Durante los años sesenta se realizaron muchas pruebas. El gran momento llegó el 20 de julio de 1969.

Neil Armstrong bajó del módulo de la *Apolo 11* y se convirtió en el primer hombre que caminó sobre otro mundo. Luego, los astronautas estadounidenses hicieron cinco descensos más sobre la Luna. Allí hicieron experimentos y trajeron rocas para ser estudiadas, las que nos dieron la oportunidad de mirar la Luna de una manera completamente nueva.

Izquierda: Sin viento sobre la Luna que la sople, la huella del astronauta estadounidense Buzz Aldrin podría permanecer como se la ve aquí durante miles de millones de años.

Arriba: Alan L. Bean, piloto de la misión estadounidense *Apolo 12*, recoge en 1969 suelo lunar para investigación. Aquí se ve también a Charles Conrad, Jr., reflejado en el casco de Bean.

Izquierda: La bandera de EE.UU. flamea permanentemente gracias a su armazón de alambre. Añade un toque de color al paisaje lunar. El astronauta de la *Apolo 15* Jim Irwin saluda.

15

De regreso a la Luna

Después del lanzamiento de la sonda soviética *Luna 24* en 1976 ninguna nave especial visitó la Luna por casi veinte años. En 1994 la sonda *Clementine* observó la superficie lunar usando una variedad de cámaras fotográficas. Ésta fue seguida en 1998 por la misión *Lunar Prospector* que midió la gravedad lunar, detectó evidencias de actividad *seismológica* y hizo pruebas sobre los campos magnéticos débiles. Aunque los ingenieros esperaban que la caída planeada de *Lunar Prospector* en el polo sur lunar revelaría signos de agua, no se detectaron ninguno.

En el siglo veintiuno, la misión *SMART-1* inglés *Small Missions for Advanced Research and Technology*) del 2003 de la Agencia Espacial Europea hizo pruebas sobre un sistema de propulsión y analizó la superficie lunar. Como preparativo para la misión lunar tripulada tan pronto como en el 2018, la *Lunar Reconnaissance Orbiter* del 2008 de la NASA recogería datos sobre el lugar de descenso y buscaría evidencias de oxígeno y hidrógeno. La acompañante *Lunar Crater Observation and Sensing Satellite* ayudaría a detectar agua en forma de hielo en la Luna.

Izquierda: Imagen del polo Sur de la Luna que tomó la nave espacial *Clementine* durante su misión de 1994.

Abajo: Concepción artística de la nave espacial *Lunar Prospector* en órbita (lanzada en 1998).

Una computadora hizo esta imagen en color de la Luna con 53 fotografías que tomó la nave espacial *Galileo* en 1992. La computadora dio un color diferente a cada tipo distinto de roca. El estudio de las rocas lunares ayuda a los científicos a entender la historia de la Luna.

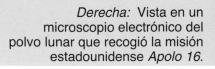
Arriba: La idea de un artista de cómo pudo haber sido la Luna no mucho después de que se formó. Entonces estaba mucho más cerca de la Tierra de lo que está ahora. Un anillo de restos acompaña a la Luna en su órbita alrededor de la Tierra.

Derecha: Vista en un microscopio electrónico del polvo lunar que recogió la misión estadounidense *Apolo 16.*

Los orígenes de la Luna

Después de las primeras visitas que hicieron las sondas a la Luna, los científicos sabían más de ella que nunca antes. Sin embargo, los orígenes de la Luna todavía eran un misterio, y los científicos no podían decir con certeza por qué la Tierra tenía una luna tan grande. Una teoría fue que cuando la Tierra se formó, giraba tan rápido, que un trozo grande de ella se desprendió. Pero, en realidad, la Tierra nunca giró tan rápido para que esto ocurriera. A lo mejor, la Luna fue un planeta independiente que, al pasar demasiado cerca de la Tierra, la fuerza gravitacional terrestre lo atrapó. Eso tampoco parecía posible. Quizás, cuando se formó la Tierra, se formaron dos mundos. En ese caso, la Tierra y la Luna deberían estar hechas de los mismos materiales, pero las rocas de la Luna demostraron que esto no era así.

Arriba: Rocas lunares que trajo la misión *Apolo 11*.

El misterio de nuestra luna de dos caras

Un lado de la Luna siempre mira hacia nosotros. El otro siempre está oculto. Una vez que los soviéticos y los estadounidenses fotografiaron el lado oculto, los científicos descubrieron que los dos lados eran muy diferentes. El lado que mira hacia nosotros contiene la mayoría de las zonas planas oscuras llamadas maria o mares (a pesar de que no hay agua en ellos). El lado oculto tiene solamente unos cuantos mares pequeños, pero muchísimos más cráteres pequeños que el lado visible. Tal vez se produjeron choques de meteoritos —la principal causa de los cráteres— sobre cada lado de la Luna en diferente proporción. Si fue así, ¿por qué? Los científicos no están seguros.

Colisión cósmica

Después de estudiar las rocas lunares por años, la mayoría de los científicos llegaron a una conclusión acerca de lo que ocurrió cuando la Tierra y los demás mundos se crearon. Un mundo, tal vez del tamaño de Marte o aún mayor, chocó contra la Tierra, golpeándola de refilón y arrancándole algunos trozos. Los científicos han creado programas informáticos que muestran lo que pudo haber sucedido si tal mundo golpeó a la Tierra. Los resultados sugieren que un objeto como la Luna pudo haberse formado de las capas externas de la Tierra, pero sin sus capas internas. La Luna pudo haber recibido también algún material del mundo que golpeó a la Tierra. Ideas como éstas podrían explicar por qué la Luna no tiene la misma composición que la Tierra.

Tiempo lunar contra tiempo solar

Los pueblos antiguos que usaron la Luna como calendario medían sus años en tiempo «lunar», que eran doce lunas nuevas desde una primavera hasta la siguiente. Eso no era suficiente para completar un año solar, el tiempo que le toma a la Tierra viajar una vez alrededor del Sol. Así que cada dos años agregaban un mes y para ese año contaban trece lunas nuevas. Más tarde, ciertas culturas decidieron que era más fácil hacer meses un poco más largos, de manera que en el año hubiera siempre doce meses. La fecha de la Pascua todavía se basa en el antiguo calendario lunar; por esa razón cambia de un año a otro. Los musulmanes usan un calendario lunar con años de doce meses. Su año calendario dura solamente 354 días, excepto los años bisiestos que duran 355 días.

La mayoría de los científicos creen que la Luna se formó hace miles de millones de años por una colisión entre la Tierra y otro cuerpo grande. Creen que los restos volaron por el espacio y que, debido a su fuerza gravitacional, gradualmente se juntaron, formando la Luna.

Arriba: El cuerpo que golpea a la Tierra se rompe en pedazos.

Abajo: El cuerpo lanza al espacio material de la capa superior de la Tierra.

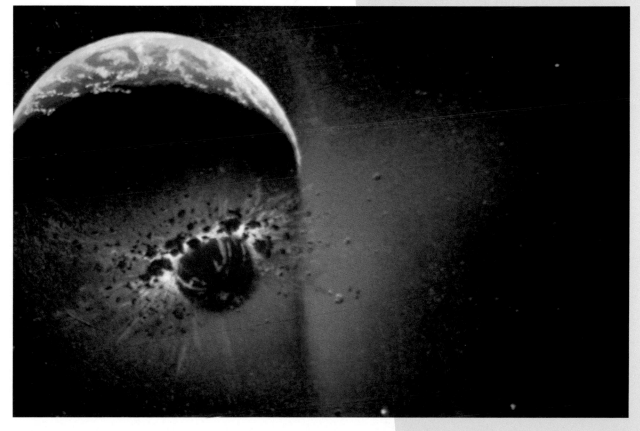

Un mundo diferente

¿Existe alguna posibilidad de que un día la gente pueda vivir y trabajar en la Luna? Vivir en la Luna sería muy distinto de vivir en la Tierra. La gravedad de la superficie de la Luna es sólo $1/6$ de la de la Tierra. No tiene aire para que respires. La Luna gira tan despacio que cada día y cada noche duran dos semanas. Durante el día, la temperatura se eleva a más del punto de ebullición del agua. Durante la noche, la temperatura es más baja que en la Antártida. Como la atmósfera de la Luna es muy delgada, no filtra la radiación de la luz solar ni desintegra los meteoritos que permanentemente están chocando. Tampoco hay campo magnético que desvíe los rayos cósmicos.

Idea de un artista de una base lunar donde la gente vive, trabaja y juega como residentes lunares. En esta vista de la vida sobre la Luna, la gente debe vivir en sus edificios, vehículos y trajes espaciales totalmente ambientados en forma artificial. Un escenario semejante podría contribuir a preparar a las futuras «personas del espacio» para su vida como habitantes permanentes del cosmos.

En esta concepción artística un niño y un adulto inspeccionan la escena. Aquí es donde tendría lugar la extracción de los recursos naturales de la Luna. El instrumento largo —que mide unas 6 millas (10 km)— se llama catapulta electromagnética. Proporcionaría el impulso necesario para levantar carga de la Luna.

Campo magnético lunar, ¿sí o no?

La Tierra tiene campo magnético. La Luna no. Es decir carece de un campo global que la cubra. La Tierra tiene un gran núcleo caliente de hierro líquido que se arremolina a medida que nuestro planeta rota. Esto produce el campo magnético de la Tierra. La Luna es menos densa que la Tierra; por lo tanto, probablemente tenga sólo un núcleo pequeño de metal, que ni siquiera podría ser de hierro pesado. Puesto que la Luna es pequeña, es posible que el núcleo sea parcialmente líquido o nada líquido. No obstante, las rocas lunares muestran signos de que el magnetismo las ha afectado. ¿Pudo tener la Luna en sus inicios un centro más caliente que ahora? ¿Pudo haber tenido un campo magnético que haya afectado su historia más temprana? Los científicos no están seguros.

Arriba: La concepción de un artista de una nave robot maniobrada por un trabajador de la construcción cósmico en una colonia entre la Tierra y la Luna.

Vida lunar

Parece que vivir sobre la superficie de la Luna sería interesante, pero podría ser dificultoso. No obstante, podría ser posible vivir confortablemente en la Luna si estuvieras a unas cuantas yardas por debajo de la superficie. Allí la temperatura es siempre templada, y estarías protegido de los meteoritos, los rayos cósmicos y la radiación del Sol.

En la Luna, la gente podría hacer un trabajo valioso instalando estaciones de extracción de minerales. La superficie de la Luna podría proporcionar todos los metales de construcción. Los elementos de construcción se podrían lanzar fácilmente al espacio debido a la baja gravedad de la Luna. Con estos elementos se podrían construir lugares en el espacio donde la gente podría vivir y trabajar.

Izquierda: Las estructuras tubulares de la parte superior de esta colonia *(enfrente)* son lo que los trabajadores humanos llamarían hogar.

Las mareas, ¿están gastando la Tierra?

Las mareas de la Tierra suben y bajan; por lo tanto, hay fricción del agua contra el fondo de los mares. Esta fricción reduce levemente la velocidad de rotación de la Tierra. Cuando a la Tierra le toma más tiempo rotar sobre su eje, la duración de nuestros días se alarga. A medida que la Tierra gira más despacio, la Luna se aleja.

Estos cambios son tan lentos, que a lo largo de toda la historia han sido imperceptibles. Sin embargo, en una época remota, la Luna estaba más cerca de la Tierra; los días eran más cortos y las mareas más altas. ¿Cómo afectó esto el desarrollo de la Tierra y sus habitantes? Las respuestas no se conocen.

Una base de operaciones nueva

Algún día podremos extraer de la Luna materiales de construcción y recursos energéticos. Es posible dar a la Luna otros usos, pero debemos tener cuidado de no alterarla demasiado. Desde los primeros días del Sistema Solar, la Luna ha cambiado menos que la Tierra. Esto significa que podemos estudiar los primeros miles de millones de años del Sistema Solar más fácilmente en la Luna que en la Tierra. También podríamos instalar telescopios y radiotelescopios en el lado oculto de la Luna. No habría luz terrestre o señales de radio que interfirieran, así que podríamos ver más lejos y con mayor claridad en la profundidad del espacio para aprender acerca de las épocas más remotas del universo. ¿Quién sabe qué misterios del universo podríamos sacar a la luz ahora que hemos caminado sobre la Luna?

Derecha: Los turistas han invadido esta playa lunar imaginaria.

Imagina cómo sería si pudiéramos mirar al espacio desde un sitio en la Luna. En esta imagen, el artista muestra trabajadores rompiendo el terreno para la construcción de un telescopio de espejos múltiples en el lado oculto de la Luna. En el fondo hay un radiotelescopio y observatorios con telescopios.

Izquierda: La idea de un artista de cómo podrían ser los mares lunares con agua de verdad. Sobre el mar un satélite artificial se mantiene inmóvil. Si pudiéramos crear en la Luna una atmósfera como la de la Tierra, podríamos capturar la luz solar y transformar la Luna en un centro turístico. Eso sería divertido, pero los científicos creen que es más importante conservar la Luna como está. De esa manera nos puede servir para entender mejor la Tierra y el cosmos.

Los cráteres de la Luna

Hoy, gracias a las sondas no tripuladas y a las misiones piloteadas, hemos visto de cerca los cráteres de la Luna, así como también algo que los humanos nunca habían visto antes: el lado oculto de la Luna, el que no vemos desde la Tierra.

En estas dos páginas puedes examinar dos preguntas importantes acerca de los cráteres de la Luna: 1) ¿Cómo se formaron los cráteres? 2) ¿Por qué los cráteres del lado oculto son tan distintos de los del lado visible?

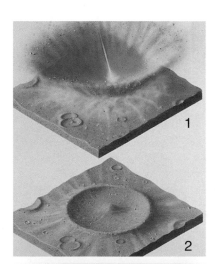

¿Cómo se formaron los cráteres de la Luna?

Por el impacto de los meteoritos

1. Un meteorito choca contra la superficie de la Luna, emitiendo una onda de choque que abre un hoyo profundo, y levantando una cortina cónica de roca y otros restos, que vuelve a caer a la superficie.
2. Las rocas crean varios cráteres más pequeños alrededor del primero, y los restos más finos se depositan, formando un «manto».

Comentarios:

- Con el impacto, el meteorito se pulveriza, o se absorbe, dentro de su cráter.
- La materia que se encuentra en el centro de impacto «rebota», como lo haría una gota en una fuente de agua, y se solidifica.
- Cuando se asienta el manto de polvo, emergen líneas delgadas, o filamentos. Un patrón de líneas llamadas rayos se extiende desde el cráter hacia afuera.
- El impacto de meteoritos ha formado la mayoría de los cráteres de la Luna.

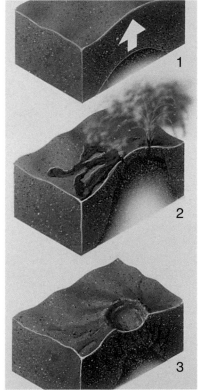

Por la actividad volcánica

1. Desde el interior de la Luna, la roca fundida y los gases empujan hacia arriba una porción de la superficie.
2. El gas y la lava hacen erupción a través de la superficie lunar y se expanden hacia el cielo. La presión ejercida desde abajo queda ahora disminuida.
3. La superficie se derrumba, formando un cráter.

Comentarios:

- Los cráteres volcánicos son distintos de los cráteres que forman los meteoritos: no hay rayos, no hay cráteres más pequeños en las cercanías, y no hay «pico» en el centro del cráter volcánico.
- Los cráteres volcánicos son un signo de que alguna vez la Luna pudo haber tenido una región interna caliente y muy activa.
- Aunque casi todos los cráteres de la Luna fueron formados por el impacto de los meteoritos, posiblemente algunos fueron formados por la actividad volcánica. Es improbable que en el presente haya alguna actividad volcánica en la Luna, sólo algún posible movimiento o ajuste de la superficie lunar. Estos movimientos ocasionalmente podrían dar origen a una «erupción» volcánica de gases atrapados.

COMPARACIÓN DE CRÁTERES

El lado visible contra el lado oculto

El lado visible

Como ilustran estas fotos, el lado visible de la Luna tiene menos cráteres del tipo de los que se encuentran en el lado oculto. Tiene más maria, o mares, que se ven como grandes zonas oscuras. Los maria son el resultado de actividad volcánica que cubrió de lava antiguos cráteres producto del impacto de los meteoritos. ¿Por qué hubo más actividad volcánica en el lado visible, y por qué parecen haber chocado muchos más meteoritos contra el lado oculto? Los científicos no están seguros.

El lado oculto

Tal vez hubo más impactos de meteoritos contra el lado oculto porque la Tierra impidió parcialmente la llegada de meteoros al lado visible. Quizás hubo más actividad volcánica en el lado visible porque allí la corteza de la Luna es en general más delgada que en el lado oculto. Posiblemente contribuyó a la actividad volcánica la fuerza de gravedad de la Tierra sobre los gases y la roca fundida que hay debajo de la superficie lunar del lado visible. Nadie lo sabe con certeza.

Más libros sobre la Luna

Apollo 11: First Moon Landing (Apolo 11: primer aterrizaje en la Luna), Michael D. Cole (Enslow)

Apollo Moonwalks: The Amazing Lunar Missions (Caminatas lunares de la Apolo: las asombrosas misiones a la Luna), Gregory Vogt (Enslow)

Armstrong Lands on the Moon (Armstrong desciende en la Luna), Gordon Charleston (Dillon)

DK Space Encyclopedia (Enciclopedia DK del espacio), Nigel Henbest y Heather Couper (DK Publishing)

Moon Base: First Colony in Space (Base lunar: primera colonia en el espacio), Michael D. Cole (Enslow)

The Moon (La Luna), Carmen Bredeson (Franklin Watts)

CD-ROM y DVD

CD-ROM: *Exploring the Planets (Explorar los planetas)*. (Cinegram)

DVD: *For All Mankind: Criterion Collection (Para la humanidad: Colección criterio)*. (Home Vision Entertainment)

NASA: 25 Years of Glory (NASA: 25 años de gloria). (Madacy Entertainment)

Sitios Web

Internet es un buen lugar para obtener más información sobre la Luna. Los sitios Web que se enumeran aquí pueden ayudarte a que te enteres de los descubrimientos más recientes, así como de los que se hicieron en el pasado.

Apollo Missions. www.jsc.nasa.gov/history/apollo.htm

Lunar Prospector. lunar.arc.nasa.gov/

Nine Planets. www.nineplanets.org/moon.html

SMART-1. www.sci.esa.int/science-e/ww/area/indelx.cfm?fareaid=10

Views of the Solar System. www.solarviews.com/eng/moon.htm

Windows to the Universe. www.windows.ucar.edu/tour/link=/moon/moon.html

Lugares para visitar

Estos son algunos museos y centros donde puedes encontrar una variedad de exhibiciones espaciales.

Museo Norteamericano de Historia Natural
Central Park West at 79th Street
New York, NY 10024

Centro Espacial Henry Crown
Museo de Ciencia e Industria
57th Street and Lake Shore Drive
Chicago, IL 60637

Museo Nacional del Aire y el Espacio
Instituto Smithsoniano
7th and Independence Avenue SW
Washington, DC 20560

Odyssium
11211 142nd Street
Edmonton, Alberta T5M 4A1
Canada

Museo Scienceworks
2 Booker Street
Spotswood
Melbourne, Victoria 3015
Australia

U.S. Space and Rocket Center
1 Tranquility Base
Hutsville, AL 35807

sario

lunar: base de los calendarios antiguos. En un año lunar hay doce lunas nuevas desde una primavera hasta la siguiente.

Armstrong, Neil: astronauta estadounidense que el 20 de julio de 1969 se transformó en la primera persona que pisó la superficie de la Luna.

astronautas: hombres y mujeres que viajan al espacio.

atmósfera: los gases que rodean un planeta, una estrella o una luna. La Luna tiene una atmósfera muy delgada que contiene varios gases, pero muy poco oxígeno.

cometa: objeto hecho de hielo, roca y polvo. Cuando su órbita lo acerca más al Sol, desarrolla una estela de gas y vapor.

corona: la atmósfera externa, delgada y caliente del Sol.

cosmonauta: el nombre ruso para astronauta.

cráter: agujero u hoyo causado por una explosión volcánica o el impacto de un meteorito. La mayoría de los cráteres de la Luna se deben a los meteoritos.

eclipse: cuando un cuerpo cruza por la sombra de otro. Durante un eclipse solar, partes de la Tierra quedan bajo la sombra de la Luna, ya que la Luna cruza por delante del Sol y lo oculta por un tiempo. Los eclipses lunares se producen cuando hay luna llena, y la Luna, ubicada en el lado opuesto de la Tierra desde el Sol, pasa por la sombra de la Tierra.

fases: las diferentes formas en que la cara de la Luna es iluminada por el Sol. El paso de una luna llena a otra toma aproximadamente un mes.

Galileo: científico italiano que hizo un telescopio con el que, en 1609, se observó la primera imágen clara de la superficie de la Luna.

gravedad: la fuerza que provoca que objetos como la Tierra y la Luna se atraigan entre sí.

Luna 2: la primera nave espacial que aterrizó en la Luna. La lanzó la ex Unión Soviética en 1959.

Luna: el único satélite de la Tierra. Está aproximadamente a 238,900 millas (384,400 km) de la Tierra.

luna llena: así llamamos a la Luna cuando está en el lado opuesto de la Tierra desde el Sol, y su cara parece totalmente iluminada.

lunar: que está relacionado con la Luna.

mares: también maria, nombre dado a las zonas planas oscuras de la Luna, a pesar de no tener agua.

maria: zonas planas oscuras de la Luna que se cree una vez contuvieron agua. El nombre proviene de la palabra latina para «mares». Las zonas oscuras las causaron en realidad las erupciones volcánicas que produjeron corrientes de lava.

órbita: la trayectoria que sigue un objeto celeste a medida que da vueltas, o gira, alrededor de otro.

Plutón-Caronte: la combinación de planeta y luna que en el Sistema Solar es lo más cercano a un planeta doble. Algunos astrónomos creen incluso que Plutón y Caronte comparten la misma atmósfera.

radiotelescopio: instrumento que, mediante un receptor de radio y una antena, sirve para ver en el espacio y para escuchar mensajes provenientes de él.

satélite: cuerpo pequeño del espacio que describe una órbita alrededor de un cuerpo más grande. A los satélites naturales con frecuencia se les llama lunas.

Sistema Solar: el Sol con los planetas y todos los demás cuerpos, como los asteroides, que describen una órbita alrededor de él.

Sol: nuestra estrella y el proveedor de la energía que hace posible la vida en la Tierra.

Índice

Nacido en 1920, Isaac Asimov llegó a Estados Unidos, de su Rusia natal, siendo niño. De joven estudió bioquímica. Con el tiempo se transformó en uno de los escritores más productivos que el mundo haya conocido jamás. Sus libros abarcan una variedad de temas que incluyen ciencia, historia, teoría del lenguaje, literatura fantástica y ciencia ficción. Su brillante imaginación le hizo ganar el respeto y la admiración de adultos y niños por igual. Lamentablemente, Isaac Asimov murió poco después de la publicación de la primera edición de *La biblioteca del universo de Isaac Asimov*.

Los editores expresan su agradecimiento a quienes autorizaron la reproducción de material registrado: portada, 3, 20, Centro de Vuelos Espaciales Goddard de la NASA; 4, © Sally Bensusen 1988; 5 (superior), Observatorio de la Universidad de Harvard; 5 (inferior), © Sally Bensusen 1988; 6, © National Geographic, Jean-Leon Huens; 7 (superior), © Dennis Milon; 7 (inferior), NASA; 8 (superior), © Tom Miller 1988; 8 (inferior), Observatorio Lick; 9, © Tom Miller 1988; 10 (ambas), © Sally Bensusen 1988; 11 (ambas), © George East; 12, NASA/JPL; 13, NASA; 14 (superior), Oberg Archives; 14 (inferior izquierda y derecha), 15 (todas), 16 (ambas), NASA; 17, NASA/JPL; 18 (superior), © William K. Hartmann; 18 (inferior), 19, NASA; 21 (superior), © Ron Miller; 21 (inferior), © William K. Hartmann; 22, © Mark Paternostro 1978; 22-23, Instituto Lunar y Planetario © 1985, Pat Rawlings; 24, 25 © Doug McLeod 1988; 26, © David Hardy; 26-27, © Paul DiMare 1986; 27 (inferior), 28 (ambas), © Garret Moore 1987; 29 (superior), Observatorio Lick; 29 (inferior), NASA.

Isaac Asimov

Siglo XXI

Biblioteca del universo

El Sistema Solar

La Biblioteca del universo del siglo XXI, de **Isaac Asimov**, se sirve del ingenio, la claridad de estilo, el entusiasmo y la enorme cantidad de información sobre el espacio que se encuentran en las memorables ediciones anteriores de *La biblioteca del universo*. Esta edición nueva y revisada brinda información actualizada sustancial para que los jóvenes astrónomos se mantengan al corriente de los últimos detalles sobre las maravillas del universo.

La Luna

Examen completo y actualizado de la Luna, la vecina celeste y compañera planetaria más cercana de la Tierra. Se incluyen temas como las fases, los eclipses y el origen de la Luna, además de la exploración moderna, que incluye las dos misiones nuevas de EE.UU. a la Luna.

Isaac Asimov

Siglo XXI

Biblioteca del universo

Asteroides
Júpiter
La Luna
Marte

Mercurio
Neptuno
Plutón y Caronte
Saturno

El Sol
La Tierra
Urano
Venus

ISBN 978-083683868-8

9 780836 838688

6-pack ISBN 978-1-4339-6568-5

GARETH · STEVENS